Andrew Brodie Basics
LET'S DO ARITHMETIC

FOR AGES 8-9

- Matched to National Curriculum tests
- 400 practice questions
- Develops essential number skills for speed and accuracy

with over **100** reward stickers

Published 2016 by Bloomsbury Publishing Plc
50 Bedford Square, London, WC1B 3DP

www.bloomsbury.com

Bloomsbury is a registered trademark of Bloomsbury Publishing Plc

ISBN 978-1-4729-2370-7

First published 2016
© 2016 Andrew Brodie
Cover and inside illustrations of Louis the Lion and Andrew Brodie © 2016 Nikalas Catlow

A CIP catalogue for this book is available from the British Library.

10 9 8 7 6 5 4 3 2 1

Printed in China by Leo Paper Products

This book is produced using paper that is made from wood grown in managed, sustainable forests. It is natural, renewable and recyclable. The logging and manufacturing process conform to the environmental regulations of the country of origin.

To see our full range of titles visit www.bloomsbury.com

BLOOMSBURY

INTRODUCTION

This is the fourth in the series of Andrew Brodie *Let's Do Arithmetic* books. The book contains 400 arithmetic questions, deliberately designed to cover the following key aspects of the 'Number' section of the National Curriculum:

- Number and place value
- Addition and subtraction
- Multiplication and division
- Fractions

This book has been specifically written to match the updated National Curriculum tests, in which an arithmetic paper replaces the old mental maths tests. The paper consists of 35–40 questions that range from basic addition and subtraction to calculations with fractions at Key Stage 2. Your child will have 30 minutes to complete the test, so it will be useful for them to practise against the clock.

Your child will benefit most greatly if you have the opportunity to discuss the questions with them. You may find that your child gains low scores when they first begin to take the tests. Make sure that they don't lose confidence. Instead, encourage them to learn from their mistakes.

The level of difficulty increases gradually throughout the book, but note that some questions are repeated. This is to ensure that pupils learn vital new facts: they may not know the answer to a particular question the first time they encounter it, but this provides the opportunity for you to help them to learn it for the next time that they come across it. Don't be surprised if they need to practise certain questions lots of times.

It can be helpful to put up posters on the bedroom wall, showing facts such as the multiplication tables. At Year 4, pupils are encouraged to revise their knowledge of all tables up to 12 x 12.

TALK ABOUT FRACTIONS:

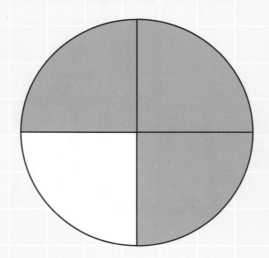

Explain that this circle has been split into 4 pieces, so we are dealing with quarters; 3 out of 4 of these are shaded, so the fraction shaded is three quarters. We write one quarter like this: $\frac{1}{4}$. We write three quarters like this: $\frac{3}{4}$.

Children gain confidence by learning facts that they can use in their future arithmetic work. With lots of practice they will see their score improve and will learn to find maths both satisfying and enjoyable.

1 68 + 6 = ☐

2 71 − 8 = ☐

3 146 + 200 = ☐

4 748 − 300 = ☐

5
```
    4   1
+   2   8
―――――――
```

6
```
    7   9
−   3   7
―――――――
```

7 16 + ☐ = 10 + 14

8 9 x 7 = ☐

9 48 ÷ 6 = ☐

10 Round 67 to the nearest ten. ☐

REWARD STICKER!

"Are you quick at adding and subtracting?"

TOTAL SCORE

TEST 2

1 49 + 13 = ▭

2 100 − 28 = ▭

3 329 + 300 = ▭

"Read the questions carefully!"

4 952 − 500 = ▭

5
```
    5  7
+   3  4
_____
_____
```

6
```
    8  0
−   2  6
_____
_____
```

7 8 + ▭ = 7 + 7

8 6 × 7 = ▭

9 54 ÷ 6 = ▭

10 Round 138 to ▭
the nearest ten.

TOTAL SCORE

1 68 + 15 = [ ]

6
```
    9  2
–   3  5
_____

_____
```

2 100 – 43 = [ ]

7 9 + [ ] = 8 + 6

3 417 + 200 = [ ]

8 7 x 5 = [ ]

4 877 – 400 = [ ]

9 72 ÷ 8 = [ ]

5
```
    6  7
+   2  8
_____

_____
```

10 Round 671 to [ ]
the nearest ten.

"Adding hundreds changes the hundreds digit."

TEST

REWARD STICKER!

① 73 + 18 = ☐

② 100 − 59 = ☐

③ 648 + 200 = ☐

④ 727 − 400 = ☐

⑤
```
      5   6
  +   3   3
  _____

  _____
```

⑥
```
      8   1
  −   4   7
  _____

  _____
```

⑦ 14 + 7 = 10 + ☐

⑧ 8 x 5 = ☐

⑨ 56 ÷ 8 = ☐

⑩ Round 732 to the nearest ten. ☐

"Subtracting hundreds changes the hundreds digit."

TOTAL SCORE

1 59 + 37 = ☐

2 100 − 62 = ☐

3 197 + 200 = ☐

4 648 − 400 = ☐

5
```
    7  2
+   1  9
_____
_____
```

6
```
    7  2
−   2  6
_____
_____
```

7 16 + 9 = 10 + ☐

8 7 x 7 = ☐

9 63 ÷ 7 = ☐

10 Round 516 to the nearest ten. ☐

"How quickly can you count up to 100 in ones?"

TOTAL SCORE

1. 46 + 29 = ☐

2. 100 – 23 = ☐

3. 536 + 1000 = ☐

4. 3650 – 1000 = ☐

5.
```
      8   8
  +   2   5
  _____

  _____
```

6.
```
      9   1
  –   3   4
  _____

  _____
```

7. 9 + 9 = 7 + ☐

8. 9 x 6 = ☐

9. 35 ÷ 5 = ☐

10. Round 647 to the nearest ten. ☐

"How quickly can you count down from 100 to 0 in ones?"

REWARD STICKER!

TOTAL SCORE

1 58 + 33 = ⬚

2 100 − 41 = ⬚

3 2645 + 1000 = ⬚

4 7299 − 1000 = ⬚

5
```
      9   6
  +   2   3
  ─────────
```

6
```
      8   2
  −   4   9
  ─────────
```

7 8 + 7 = 3 + ⬚

8 12 x 4 = ⬚

9 49 ÷ 7 = ⬚

10 Round 319 to the nearest hundred. ⬚

"How quickly can you count up to 100 in twos?"

TEST 8

1 65 + 29 = ☐

2 100 – 19 = ☐

3 7432 + 1000 = ☐

4 9876 – 1000 = ☐

5
```
    8 6
+   5 6
_____

_____
```

6
```
    7 1
–   2 8
_____

_____
```

7 6 + 9 = 5 + ☐

8 8 x 6 = ☐

9 64 ÷ 8 = ☐

10 Round 582 to the nearest hundred. ☐

"How quickly can you count down from 100 to 0 in twos?"

TOTAL SCORE

1   99 + 48 = [   ]

2   100 − 82 = [   ]

3   6774 + 1000 = [   ]

4   5671 − 1000 = [   ]

5
```
    8  8
+   4  8
_____

_____
```

6
```
    9  2
−   3  9
_____

_____
```

7   7 + 6 = 8 + [   ]

8   7 x 4 = [   ]

9   56 ÷ 7 = [   ]

10   Round 714 to the nearest hundred. [   ]

"Do you know your four times table?"

REWARD STICKER!

TOTAL SCORE

TEST 10

1. 67 + 27 = [   ]

2. 100 − 71 = [   ]

3. 5382 + 1000 = [   ]

4. 10000 − 1000 = [   ]

5.
```
    6  9
+   6  9
_____

_____
```

6.
```
    8  1
−   4  6
_____

_____
```

7. 12 + 8 = 13 + [   ]

8. 9 x 3 = [   ]

9. 32 ÷ 4 = [   ]

10. Round 674 to the nearest hundred. [   ]

"How quickly can you say the four times table?"

TOTAL SCORE

1. $76 + 14 =$ ☐

2. $100 - 37 =$ ☐

3. $2345 + 1000 =$ ☐

4. $8642 - 1000 =$ ☐

5.
```
    1  4  7
 +     4  3
 _____

 _____
```

6.
```
    1  6  7
 -     5  3
 _____

 _____
```

7. $13 + 6 = 4 +$ ☐

8. $6 \times 6 =$ ☐

9. $48 \div 4 =$ ☐

10. Round 849 to the nearest hundred. ☐

REWARD STICKER!

"I can use columns for adding. Can you?"

TOTAL SCORE

13

TEST 12

1 57 + 17 = ☐

2 100 − 64 = ☐

3 5739 + 1000 = ☐

4 9248 − 1000 = ☐

5
```
    1   6   8
+       2   7
_____
_____
```

6
```
    1   4   9
−       3   4
_____
_____
```

7 14 + 8 = 5 + ☐

8 8 x 9 = ☐

9 36 ÷ 4 = ☐

10 Round 752 to the nearest hundred. ☐

"I can use columns for subtracting. Can you?"

TOTAL SCORE

1) $65 + 26 =$ ☐

2) $100 - 28 =$ ☐

3) $3724 + 2000 =$ ☐

4) $8420 - 3000 =$ ☐

5)
```
    2   5   6
+   1   2   3
_____
```

6)
```
    5   6   7
-   2   3   4
_____
```

7) $15 + 7 = 6 +$ ☐

8) $12 \times 6 =$ ☐

9) $44 \div 4 =$ ☐

10) **Round 265 to the nearest hundred.** ☐

"How quickly can you count up in tens to 250?"

TOTAL SCORE

15

TEST 14

1. 36 + 48 = ☐

2. 100 − 17 = ☐

3. 6842 + 2000 = ☐

4. 9361 − 5000 = ☐

5.
```
    3  6  2
 +  1  4  5
 ─────────

 ─────────
```

6.
```
    6  7  1
 −  3  2  4
 ─────────

 ─────────
```

7. 6 + 4 − 7 = ☐

8. 12 x 8 = ☐

9. 60 ÷ 5 = ☐

10. Round 1345 to the nearest hundred. ☐

"How quickly can you count down in tens from 250 to 0?"

TOTAL SCORE

1 54 + 13 =

2 100 – 24 =

3 6723 + 3000 =

4 7469 – 2000 =

5
```
      4  7  3
  +   2  3  4
  _____
```

6
```
      7  8  2
  –   2  2  7
  _____
```

7 8 + 7 – 3 =

8 12 x 9 =

9 54 ÷ 6 =

10 Round 2297 to the nearest hundred.

REWARD STICKER!

"How quickly can you count up in fifties to 1000?"

TOTAL SCORE

TEST 16

1 77 + 23 = ☐

2 100 − 48 = ☐

3 2169 + 3000 = ☐

4 6291 − 4000 = ☐

5
```
    5  8  4
+   3  4  2
_____

_____
```

6
```
    8  0  0
−   1  5  0
_____

_____
```

7 12 + 9 − 8 = ☐

8 9 x 9 = ☐

9 36 ÷ 6 = ☐

10 Round 3111 to the nearest hundred. ☐

"How quickly can you count down in fifties from 1000 to 0?"

TOTAL SCORE

1 68 + 32 =

2 100 – 11 =

3 5498 + 4000 =

4 8427 – 2000 =

5
```
      6   1   7
  +   2   9   9
  _____
```

6
```
      8   3   2
  –   2   5   6
  _____
```

7 14 + 9 – 12 =

8 4 x 9 =

9 81 ÷ 9 =

10 Round 5666 to the nearest hundred.

REWARD STICKER!

"Adding thousands changes the thousands digit."

TOTAL SCORE

19

TEST

1. 49 + 51 = ☐

2. 100 − 35 = ☐

3. 12000 + 4000 = ☐

4. 16000 − 2000 = ☐

5.
```
      3   6   9
  +   4   3   5
  _____
```

6.
```
      7   1   6
  −   3   4   5
  _____
```

7. 15 + 9 − 8 = ☐

8. 5 x 9 = ☐

9. 108 ÷ 9 = ☐

10. Round 6042 to the nearest hundred. ☐

REWARD STICKER!

"Subtracting thousands changes the thousands digit."

TOTAL SCORE

1 38 + 62 = ☐

2 100 – 42 = ☐

3 13000 + 5000 = ☐

4 17000 – 4000 = ☐

5
```
    4  6  7
+   2  8  9
_____
```

6
```
    8  3  2
-   5  7  5
_____
```

7 16 + 9 – 7 = ☐

8 6 x 9 = ☐

9 96 ÷ 8 = ☐

10 Round 5982 to the nearest hundred. ☐

"Do you know the nine times table?"

TOTAL SCORE

21

TEST

REWARD STICKER!

1. $74 + 26 =$ [ ]

2. $100 - 31 =$ [ ]

3. $14000 + 3000 =$ [ ]

4. $19000 - 2000 =$ [ ]

5.
```
    5  6  2
+   3  4  5
_____

_____
```

6.
```
    9  0  0
-   4  3  2
_____

_____
```

7. $17 + 9 - 11 =$ [ ]

8. $7 \times 9 =$ [ ]

9. $48 \div 8 =$ [ ]

10. Round 3245 to the nearest thousand. [ ]

"You need to use your tables when dividing."

TOTAL SCORE

1 48 + 42 = [ ]

2 90 − 21 = [ ]

3 Write the next number in the sequence. [ ]
6, 12, 18, 24, …

4 Write the next number in the sequence. [ ]
1000, 900, 800, 700, …

5
```
    6  7  8
+   2  9  6
_____

_____
```

6
```
    7  0  0
−   3  7  8
_____

_____
```

7 18 + 9 − 12 = [ ]

8 8 x 9 = [ ]

9 24 ÷ 8 = [ ]

10 Round 6750 to the nearest thousand. [ ]

REWARD STICKER!

"How many sixes are there in 24?"

TOTAL SCORE

23

TEST

22

1 53 + 37 = ☐

2 90 − 38 = ☐

3 Write the next number in the sequence.
18, 24, 30, 36, … ☐

4 Write the next number in the sequence.
400, 350, 300, 250, … ☐

5
```
    4  7  9
 +  3  6  9
 _____
```

6
```
    8  0  0
 −  2  1  7
 _____
```

7 19 + 9 − 13 = ☐

8 9 x 9 = ☐

9 42 ÷ 7 = ☐

10 Round 8190 to the nearest thousand. ☐

"How many sixes are there in 36?"

TOTAL SCORE

23

TEST

1 26 + 64 = ☐

2 90 − 27 = ☐

3 Write the next number in the sequence. ☐
30, 36, 42, 48, …

4 Write the next number in the sequence. ☐
250, 200, 150, 100, …

5
```
    8  4  6
 +  4  5  1
 _____

 _____
```

6
```
    6  1  2
 -  3  8  4
 _____

 _____
```

7 22 + 8 − 15 = ☐

8 11 x 9 = ☐

9 21 ÷ 7 = ☐

10 $\frac{1}{3} + \frac{1}{3}$ = ☐

"How many sixes are there in 48?"

TOTAL SCORE

25

TEST 24

1. $51 + 39 =$ ☐

2. $90 - 34 =$ ☐

REWARD STICKER!

3. Write the next number in the sequence.
36, 42, 48, 54, ... ☐

4. Write the next number in the sequence.
800, 750, 700, 650, ... ☐

5.
```
    7  4  9
+   5  8  6
_____

_____
```

6.
```
    8  4  7
-   6  5  9
_____

_____
```

7. $23 + 9 - 12 =$ ☐

8. $12 \times 9 =$ ☐

9. $63 \div 7 =$ ☐

10. $\frac{1}{5} + \frac{2}{5} =$ ☐

"How many sixes are there in 72?"

TOTAL SCORE

26

1 $34 + 57 =$ ⬚

2 $80 - 26 =$ ⬚

3 Write the next number in the sequence. 7, 14, 21, 28, … ⬚

4 Write the next number in the sequence. 120, 100, 80, 60, … ⬚

5
```
    8 3 9
+   4 7 4
---------
```

6
```
    9 2 5
-   5 7 2
---------
```

7 $24 + 9 - 8 =$ ⬚

8 $5 \times 8 =$ ⬚

9 $108 \div 12 =$ ⬚

10 $\frac{2}{7} + \frac{3}{7} =$ ⬚

"How many eights are there in 16?"

REWARD STICKER!

TOTAL SCORE

TEST

1 43 + 28 =

2 70 − 24 =

3 Write the next number in the sequence.
21, 28, 35, 42, ...

4 Write the next number in the sequence.
60, 54, 48, 42, ...

"How many eights are there in 32?"

5

	1	2	4	8
+		6	3	7

6

	1	5	6	9
−		2	3	4

7 25 + 9 − 11 =

8 6 x 8 =

9 96 ÷ 12

10 $\frac{1}{8} + \frac{3}{8} =$

TOTAL SCORE

REWARD STICKER!

1 158 + 37 = ☐

2 140 − 16 = ☐

3 Write the next number in the sequence.
35, 42, 49, 56, ... ☐

4 Write the next number in the sequence.
36, 30, 24, 18, ... ☐

5

```
    2  6  3  1
+      2  8  5
_____
_____
```

6

```
    3  4  5  2
−      1  1  6
_____
_____
```

7 26 + 9 − 13 = ☐

8 7 x 8 = ☐

9 84 ÷ 12 = ☐

10 $\frac{2}{7} + \frac{4}{7} =$ ☐

"How many eights are there in 48?"

TOTAL SCORE

TEST 28

1 162 + 28 = ☐

2 250 − 25 = ☐

3 Write the next number in the sequence. ☐
9, 18, 27, 36, ...

4 Write the next number in the sequence. ☐
42, 35, 28, 21, ...

5
```
    3  7  2  9
 +  1  4  5  6
 _____
```

6
```
    4  7  2  5
 −  2  1  2  3
 _____
```

7 27 + 9 − 14 = ☐

8 8 x 8 = ☐

9 72 ÷ 12 = ☐

10 $\frac{7}{9} + \frac{1}{9} =$ ☐

"How many eights are there in 72?"

TOTAL SCORE

1 $146 + 44 =$ [ ]

2 $300 - 25 =$ [ ]

3 Write the next [ ]
number in the
sequence.
36, 45, 54, 63, …

4 Write the next [ ]
number in the
sequence.
150, 125, 100, 75, …

5
```
    4  8  4  8
+   2  7  2  7
_____
```

6
```
    8  2  5  6
-   5  8  7  2
_____
```

7 $28 + 9 - 15 =$ [ ]

8 $2 \times 6 \times 7 =$ [ ]

9
```
        3  6
x          4
_____
```

10 $\frac{2}{9} + \frac{5}{9} =$ [ ]

"How many eights are there in 96?"

REWARD STICKER!

30 TEST

1 137 + 63 = ☐

2 150 − 25 = ☐

3 Write the next number in the sequence. ☐
63, 72, 81, 90, …

4 Write the next number in the sequence. ☐
50, 45, 40, 35, …

5
```
    6  8  2  7
+   4  3  5  9
_____
```

6
```
    9  2  7  4
−   4  7  6  2
_____
```

7 29 + 9 − 16 = ☐

8 4 x 5 x 6 = ☐

9
```
       3  8
x         6
_____
```

10 $\frac{7}{9} - \frac{2}{9} =$ ☐

"Can you count up in twenty-fives to 200?"

TOTAL SCORE

32

1 $142 + 59 =$ [ ]

6
```
    8  0  2  4
 -  1  7  6  9
 _____

 _____
```

2 $200 - 25 =$ [ ]

7 $30 + 9 - 20 =$ [ ]

3 Write the next number in the sequence. 25, 50, 75, 100, ... [ ]

8 $5 \times 5 \times 6 =$ [ ]

4 Write the next number in the sequence. 3, 6, 12, 24, ... [ ]

9
```
       5  9
 x        6
 _____

 _____
```

5
```
    7  3  7  5
 +  2  8  4  8
 _____

 _____
```

10 $\frac{3}{4} - \frac{1}{4} =$ [ ]

"Can you count down in twenty-fives from 200 to 0?"

TOTAL SCORE

33

1 $162 + 34 =$ [ ]

2 $500 - 25 =$ [ ]

3 Write the next number in the sequence. [ ]
100, 125, 150, 175, ...

4 Write the next number in the sequence. [ ]
1, 2, 4, 8, ...

5
```
    8  7  7  7
+   3  4  1  7
_____
```

6
```
    9  9  9  9
-   2  8  1  7
_____
```

7 $31 + 9 - 15 =$ [ ]

8 $5 \times 6 \times 6 =$ [ ]

9
```
          6  8
x            6
_____
```

10 $\frac{3}{5} - \frac{1}{5} =$ [ ]

"How quickly can you count down in sevens from 84 to 0?"

TOTAL SCORE

REWARD STICKER!

34

1 $149 + 51 =$ _____

2 $375 - 25 =$ _____

3 Write the next number in the sequence. _____
125, 150, 175, 200, ...

4 Write the next number in the sequence. _____
2, 4, 8, 16, ...

5
```
    6  2  9  8
+   6  2  9  8
_____
```

6
```
    9  3  7  5
-   5  6  2  5
_____
```

7 $32 + 9 - 16 =$ _____

8 $6 \times 6 \times 6 =$ _____

9
```
       5  7
x         7
_____
```

10 $\frac{4}{7} + \frac{2}{7} =$ _____

REWARD STICKER!

"Can you count up in nines to 108?"

TOTAL SCORE

3

1 132 + 48 = ☐

6
```
    7  5  0  0
 -  3  7  5  0
 ─────────────

 ─────────────
```

2 450 − 25 = ☐

7 33 + 9 − 17 = ☐

3 Write the next number in the sequence.
675, 700, 725, 750, ... ☐

8 2 x 2 x 2 = ☐

"Did you notice that question 4 is a doubling sequence?"

4 3 x 6 = ☐ + 4

9
```
       7  9
    x     8
 ───────────

 ───────────
```

5
```
    7  5  0  0
 +  7  5  0  0
 ─────────────

 ─────────────
```

10 Round 4.7 to the nearest whole number. ☐

TOTAL SCORE

1 127 + 36 = ☐

2 500 − 125 = ☐

3 Write the next number in the sequence.
50, 75, 100, 125, …   ☐

4 5 x 6 = ☐ + 12

5
```
    8  1  2  5
+   8  1  2  5
_____

_____
```

6
```
    4  5  0  0
−   1  2  7  0
_____

_____
```

7 34 + 9 − 12 = ☐

8 1 x 1 x 1 = ☐

9
```
       1  6  3
   x        4
_____

_____
```

10 Round 6.1 to the nearest whole number.   ☐

"How quickly can you count in halves from 0 to 10?"

36 TEST

1. $129 + 61 =$ ☐

2. $800 - 125 =$ ☐

3. Write the next number in the sequence.
   135, 145, 155, 165, … ☐

4. $5 \times 8 =$ ☐ $+ 15$

REWARD STICKER!

5.
```
    4  3  7  5
 +  4  3  7  5
 _____
```

6.
```
    5  4  0  0
 -  1  2  8  0
 _____
```

7. $35 + 9 - 14 =$ ☐

8. $3 \times 3 \times 3 =$ ☐

9.
```
    2  4  3
 x        3
 _____
```

10. Round 7.6 to the nearest whole number. ☐

"How quickly can you count in quarters from 0 to 5?"

TOTAL SCORE

38

1 143 + 48 =

2 800 − 150 =

3 Write the next number in the sequence.
235, 225, 215, 205, ...

4 6 x 8 = ☐ + 24

5
```
    4  9  5  6
+   3  2  4  4
_____
```

6
```
    5  4  0  0
−   2  3  5  7
_____
```

7 35 + 19 − 14 =

8 4 x 4 x 4 =

9
```
       3  7  2
x          6
_____
```

10 Round 8.2 to the nearest whole number.

"What is half of 50?"

REWARD STICKER!

TOTAL SCORE

TEST 38

1 146 + 38 = ☐

2 1000 − 150 = ☐

3 Write the next number in the sequence.
338, 328, 318, 308, ... ☐

4 6 x 9 = ☐ + 24

5
```
    7  7  7  5
+   7  7  7  5
_____
```

6
```
    6  0  0  0
−   1  9  3  2
_____
```

7 36 + 19 − 21 = ☐

8 5 x 5 x 5 = ☐

9
```
       4  7  2
  x          7
_____
```

10 Round 9.5 to the nearest whole number. ☐

"Are you getting faster?"

TOTAL SCORE

40

1 236 + 64 = ☐

2 1000 − 250 = ☐

3 Write the next ☐
number in the
sequence.
437, 427, 417, 407, …

4 7 x 9 = ☐ + 43

5

```
    8   2   2   5
+   8   2   2   5
_____

```

6

```
    8   0   0   0
−   2   5   6   9
_____

```

7 37 + 19 − 23 = ☐

8 7 x 7 x 7 = ☐

9

```
    5   6   8
x           8
_____

```

10 Round 5.5 to ☐
the nearest
whole number.

"What are twelve twelves?"

TOTAL SCORE

41

TEST

40

1 $347 + 53 =$ ☐

2 $1000 - 175 =$ ☐

3 Write the next number in the sequence. ☐
832, 822, 812, 802, ...

REWARD STICKER!

4 $8 \times 9 =$ ☐ $- 28$

5

```
    9  7  2  5
 +  9  7  2  5
 _____
```

6

```
    6  1  2  3
 -  3  5  7  9
 _____
```

7 $38 + 19 - 25 =$ ☐

8 $10 \times 10 \times 10 =$ ☐

9

```
       7  8  3
 x           9
 _____
```

10 Round 7.5 to the nearest whole number. ☐

"This is the last test. Complete it as quickly as you can!"

TOTAL SCORE

ANSWERS

1

1. $68 + 6 = 74$
2. $71 - 8 = 63$
3. $146 + 200 = 346$
4. $748 - 300 = 448$
5.
```
    4 1
  + 2 8
  -----
    6 9
```
6.
```
    7 9
  - 3 7
  -----
    4 2
```
7. $16 + 8 = 10 + 14$
8. $9 \times 7 = 63$
9. $48 \div 6 = 8$
10. 70

2

1. $49 + 13 = 62$
2. $100 - 28 = 72$
3. $329 + 300 = 629$
4. $952 - 500 = 452$
5.
```
    5 7
  + 3 4
  -----
    9 1
```
6.
```
   7 8 1 0
  -   2 6
  -------
      5 4
```
7. $8 + 6 = 7 + 7$
8. $6 \times 7 = 42$
9. $54 \div 6 = 9$
10. 140

3

1. $68 + 15 = 83$
2. $100 - 43 = 57$
3. $417 + 200 = 617$
4. $877 - 400 = 477$
5.
```
    6 7
  + 2 8
  -----
    9 5
```
6.
```
   8 9 1 2
  -   3 5
  -------
      5 7
```
7. $9 + 5 = 8 + 6$
8. $7 \times 5 = 35$
9. $72 \div 8 = 9$
10. 670

4

1. $73 + 18 = 91$
2. $100 - 59 = 41$
3. $648 + 200 = 848$
4. $727 - 400 = 327$
5.
```
    5 6
  + 3 3
  -----
    8 9
```
6.
```
   7 8 1 1
  -   4 7
  -------
      3 4
```
7. $14 + 7 = 10 + 11$
8. $8 \times 5 = 40$
9. $56 \div 8 = 7$
10. 730

5

1. $59 + 37 = 96$
2. $100 - 62 = 38$
3. $197 + 200 = 397$
4. $648 - 400 = 248$
5.
```
    7 2
  + 1 9
  -----
    9 1
```
6.
```
   6 7 1 2
  -   2 6
  -------
      4 6
```
7. $16 + 9 = 10 + 15$
8. $7 \times 7 = 49$
9. $63 \div 7 = 9$
10. 520

6

1. $46 + 29 = 75$
2. $100 - 23 = 77$
3. $536 + 1000 = 1536$
4. $3650 - 1000 = 2650$
5.
```
    8 8
  + 2 5
  -----
  1 1 3
```
6.
```
   8 9 1 1
  -   3 4
  -------
      5 7
```
7. $9 + 9 = 7 + 11$
8. $9 \times 6 = 54$
9. $35 \div 5 = 7$
10. 650

7

1. $58 + 33 = 91$
2. $100 - 41 = 59$
3. $2645 + 1000 = 3645$
4. $7299 - 1000 = 6299$
5.
```
    9 6
  + 2 3
  -----
  1 1 9
```
6.
```
   7 8 1 2
  -   4 9
  -------
      3 3
```
7. $8 + 7 = 3 + 12$
8. $12 \times 4 = 48$
9. $49 \div 7 = 7$
10. 300

8

1. $65 + 29 = 94$
2. $100 - 19 = 81$
3. $7432 + 1000 = 8432$
4. $9876 - 1000 = 8876$
5.
```
    8 6
  + 5 6
  -----
  1 4 2
```
6.
```
   6 7 1 1
  -   2 8
  -------
      4 3
```
7. $6 + 9 = 5 + 10$
8. $8 \times 6 = 48$
9. $64 \div 8 = 8$
10. 600

9

1. $99 + 48 = 147$
2. $100 - 82 = 18$
3. $6774 + 1000 = 7774$
4. $5671 - 1000 = 4671$
5.
$$\begin{array}{r} 8\ 8 \\ +\ 4\ 8 \\ \hline 1\ 3\ 6 \\ {}^{1} \end{array}$$
6.
$$\begin{array}{r} {}^{8}9\ {}^{1}2 \\ -\ 3\ 9 \\ \hline 5\ 3 \end{array}$$
7. $7 + 6 = 8 + 5$
8. $7 \times 4 = 28$
9. $56 \div 7 = 8$
10. 700

10

1. $67 + 27 = 94$
2. $100 - 71 = 29$
3. $5382 + 1000 = 6382$
4. $10000 - 1000 = 9000$
5.
$$\begin{array}{r} 6\ 9 \\ +\ 6\ 9 \\ \hline 1\ 3\ 8 \\ {}^{1} \end{array}$$
6.
$$\begin{array}{r} {}^{7}8\ {}^{1}1 \\ -\ 4\ 6 \\ \hline 3\ 5 \end{array}$$
7. $12 + 8 = 13 + 7$
8. $9 \times 3 = 27$
9. $32 \div 4 = 8$
10. 700

11

1. $76 + 14 = 90$
2. $100 - 37 = 63$
3. $2345 + 1000 = 3345$
4. $8642 - 1000 = 7642$
5.
$$\begin{array}{r} 1\ 4\ 7 \\ +\ \ \ 4\ 3 \\ \hline 1\ 9\ 0 \\ {}^{1} \end{array}$$
6.
$$\begin{array}{r} 1\ 6\ 7 \\ -\ \ \ 5\ 3 \\ \hline 1\ 1\ 4 \end{array}$$
7. $13 + 6 = 4 + 15$
8. $6 \times 6 = 36$
9. $48 \div 4 = 12$
10. 800

12

1. $57 + 17 = 74$
2. $100 - 64 = 36$
3. $5739 + 1000 = 6739$
4. $9248 - 1000 = 8248$
5.
$$\begin{array}{r} 1\ 6\ 8 \\ +\ \ \ 2\ 7 \\ \hline 1\ 9\ 5 \\ {}^{1} \end{array}$$
6.
$$\begin{array}{r} 1\ 4\ 9 \\ -\ \ \ 3\ 4 \\ \hline 1\ 1\ 5 \end{array}$$
7. $14 + 8 = 5 + 17$
8. $8 \times 9 = 72$
9. $36 \div 4 = 9$
10. 800

13

1. $65 + 26 = 91$
2. $100 - 28 = 72$
3. $3724 + 2000 = 5724$
4. $8420 - 3000 = 5420$
5.
$$\begin{array}{r} 2\ 5\ 6 \\ +\ 1\ 2\ 3 \\ \hline 3\ 7\ 9 \end{array}$$
6.
$$\begin{array}{r} 5\ 6\ 7 \\ -\ 2\ 3\ 4 \\ \hline 3\ 3\ 3 \end{array}$$
7. $15 + 7 = 6 + 16$
8. $12 \times 6 = 72$
9. $44 \div 4 = 11$
10. 300

14

1. $36 + 48 = 84$
2. $100 - 17 = 83$
3. $6842 + 2000 = 8842$
4. $9361 - 5000 = 4361$
5.
$$\begin{array}{r} 3\ 6\ 2 \\ +\ 1\ 4\ 5 \\ \hline 5\ 0\ 7 \\ {}^{1} \end{array}$$
6.
$$\begin{array}{r} 6\ {}^{6}7\ {}^{1}1 \\ -\ 3\ 2\ 4 \\ \hline 3\ 4\ 7 \end{array}$$
7. $6 + 4 - 7 = 3$
8. $12 \times 8 = 96$
9. $60 \div 5 = 12$
10. 1300

15

1. $54 + 13 = 67$
2. $100 - 24 = 76$
3. $6723 + 3000 = 9723$
4. $7469 - 2000 = 5469$
5.
$$\begin{array}{r} 4\ 7\ 3 \\ +\ 2\ 3\ 4 \\ \hline 7\ 0\ 7 \\ {}^{1} \end{array}$$
6.
$$\begin{array}{r} 7\ {}^{7}8\ {}^{1}2 \\ -\ 2\ 2\ 7 \\ \hline 5\ 5\ 5 \end{array}$$
7. $8 + 7 - 3 = 12$
8. $12 \times 9 = 108$
9. $54 \div 6 = 9$
10. 2300

16

1. $77 + 23 = 100$
2. $100 - 48 = 52$
3. $2169 + 3000 = 5169$
4. $6291 - 4000 = 2291$
5.
$$\begin{array}{r} 5\ 8\ 4 \\ +\ 3\ 4\ 2 \\ \hline 9\ 2\ 6 \\ {}^{1} \end{array}$$
6.
$$\begin{array}{r} {}^{7}8\ {}^{1}0\ 0 \\ -\ 1\ 5\ 0 \\ \hline 6\ 5\ 0 \end{array}$$
7. $12 + 9 - 8 = 13$
8. $9 \times 9 = 81$
9. $36 \div 6 = 6$
10. 3100

17

1. $68 + 32 = 100$
2. $100 - 11 = 89$
3. $5498 + 4000 = 9498$
4. $8427 - 2000 = 6427$
5.
$$\begin{array}{r} 6\ 1\ 7 \\ +\ 2\ 9\ 9 \\ \hline 9\ 1\ 6 \\ {}^{1}\ \ {}^{1} \end{array}$$
6.
$$\begin{array}{r} {}^{7}\cancel{8}\ {}^{12}\cancel{3}\ {}^{1}2 \\ -\ 2\ 5\ 6 \\ \hline 5\ 7\ 6 \end{array}$$
7. $14 + 9 - 12 = 11$
8. $4 \times 9 = 36$
9. $81 \div 9 = 9$
10. 5700

18

1. $49 + 51 = 100$
2. $100 - 35 = 65$
3. $12000 + 4000 = 16000$
4. $16000 - 2000 = 14000$
5.
$$\begin{array}{r} 3\ 6\ 9 \\ +\ 4\ 3\ 5 \\ \hline 8\ 0\ 4 \\ {}^{1}\ \ {}^{1} \end{array}$$
6.
$$\begin{array}{r} {}^{6}\cancel{7}\ {}^{1}1\ 6 \\ -\ 3\ 4\ 5 \\ \hline 3\ 7\ 1 \end{array}$$
7. $15 + 9 - 8 = 16$
8. $5 \times 9 = 45$
9. $108 \div 9 = 12$
10. 6000

19

1. $38 + 62 = 100$
2. $100 - 42 = 58$
3. $13000 + 5000 = 18000$
4. $17000 - 4000 = 13000$
5.
$$\begin{array}{r} 4\ 6\ 7 \\ +\ 2\ 8\ 9 \\ \hline 7\ 5\ 6 \\ {}^{1}\ \ {}^{1} \end{array}$$
6.
$$\begin{array}{r} {}^{7}\cancel{8}\ {}^{12}\cancel{3}\ {}^{1}2 \\ -\ 5\ 7\ 5 \\ \hline 2\ 5\ 7 \end{array}$$
7. $16 + 9 - 7 = 18$
8. $6 \times 9 = 54$
9. $96 \div 8 = 12$
10. 6000

20

1. $74 + 26 = 100$
2. $100 - 31 = 69$
3. $14000 + 3000 = 17000$
4. $19000 - 2000 = 17000$
5.
$$\begin{array}{r} 5\ 6\ 2 \\ +\ 3\ 4\ 5 \\ \hline 9\ 0\ 7 \\ {}^{1} \end{array}$$
6.
$$\begin{array}{r} {}^{8}\cancel{9}\ {}^{19}\cancel{0}\ {}^{1}0 \\ -\ 4\ 3\ 2 \\ \hline 4\ 6\ 8 \end{array}$$
7. $17 + 9 - 11 = 15$
8. $7 \times 9 = 63$
9. $48 \div 8 = 6$
10. 3000

21

1. $48 + 42 = 90$
2. $90 - 21 = 69$
3. 30
4. 600
5.
$$\begin{array}{r} 6\ 7\ 8 \\ +\ 2\ 9\ 6 \\ \hline 9\ 7\ 4 \\ {}^{1}\ \ {}^{1} \end{array}$$
6.
$$\begin{array}{r} {}^{6}\cancel{7}\ {}^{19}\cancel{0}\ {}^{1}0 \\ -\ 3\ 7\ 8 \\ \hline 3\ 2\ 2 \end{array}$$
7. $18 + 9 - 12 = 15$
8. $8 \times 9 = 72$
9. $24 \div 8 = 3$
10. 7000

22

1. $53 + 37 = 90$
2. $90 - 38 = 52$
3. 42
4. 200
5.
$$\begin{array}{r} 4\ 7\ 9 \\ +\ 3\ 6\ 9 \\ \hline 8\ 4\ 8 \\ {}^{1}\ \ {}^{1} \end{array}$$
6.
$$\begin{array}{r} {}^{7}\cancel{8}\ {}^{19}\cancel{0}\ {}^{1}0 \\ -\ 2\ 1\ 7 \\ \hline 5\ 8\ 3 \end{array}$$
7. $19 + 9 - 13 = 15$
8. $9 \times 9 = 81$
9. $42 \div 7 = 6$
10. 8000

23

1. $26 + 64 = 90$
2. $90 - 27 = 63$
3. 54
4. 50
5.
$$\begin{array}{r} 8\ 4\ 6 \\ +\ 4\ 5\ 1 \\ \hline 1\ 2\ 9\ 7 \end{array}$$
6.
$$\begin{array}{r} {}^{5}\cancel{6}\ {}^{10}\cancel{1}\ {}^{1}2 \\ -\ 3\ 8\ 4 \\ \hline 2\ 2\ 8 \end{array}$$
7. $22 + 8 - 15 = 15$
8. $11 \times 9 = 99$
9. $21 \div 7 = 3$
10. $\frac{1}{3} + \frac{1}{3} = \frac{2}{3}$

24

1. $51 + 39 = 90$
2. $90 - 34 = 56$
3. 60
4. 600
5.
$$\begin{array}{r} 7\ 4\ 9 \\ +\ 5\ 8\ 6 \\ \hline 1\ 3\ 3\ 5 \\ {}^{1}\ \ {}^{1} \end{array}$$
6.
$$\begin{array}{r} {}^{7}\cancel{8}\ {}^{13}\cancel{4}\ {}^{1}7 \\ -\ 6\ 5\ 9 \\ \hline 1\ 8\ 8 \end{array}$$
7. $23 + 9 - 12 = 20$
8. $12 \times 9 = 108$
9. $63 \div 7 = 9$
10. $\frac{1}{5} + \frac{2}{5} = \frac{3}{5}$

25

1. $34 + 57 = 91$
2. $80 - 26 = 54$
3. 35
4. 40
5.
```
      8  3  9
   +  4  7  4
   ─────────
   1  3  1  3
      1  1
```
6.
```
     8  1
     9  2  5
   -    5  7  2
   ──────────
        3  5  3
```
7. $24 + 9 - 8 = 25$
8. $5 \times 8 = 40$
9. $108 \div 12 = 9$
10. $\frac{2}{7} + \frac{3}{7} = \frac{5}{7}$

26

1. $43 + 28 = 71$
2. $70 - 24 = 46$
3. 49
4. 36
5.
```
      1  2  4  8
   +     6  3  7
   ──────────────
   1  8  8  5
            1
```
6.
```
      1  5  6  9
   -     2  3  4
   ──────────────
      1  3  3  5
```
7. $25 + 9 - 11 = 23$
8. $6 \times 8 = 48$
9. $96 \div 12 = 8$
10. $\frac{1}{8} + \frac{3}{8} = \frac{4}{8}$ or $\frac{1}{2}$

27

1. $158 + 37 = 195$
2. $140 - 16 = 124$
3. 63
4. 12
5.
```
      2  6  3  1
   +     2  8  5
   ──────────────
      2  9  1  6
            1
```
6.
```
            4     1
      3  4  5  2
   -     1  1  6
   ──────────────
      3  3  3  6
```
7. $26 + 9 - 13 = 22$
8. $7 \times 8 = 56$
9. $84 \div 12 = 7$
10. $\frac{2}{7} + \frac{4}{7} = \frac{6}{7}$

28

1. $162 + 28 = 190$
2. $250 - 25 = 225$
3. 45
4. 14
5.
```
      3  7  2  9
   +  1  4  5  6
   ──────────────
      5  1  8  5
         1     1
```
6.
```
      4  7  2  5
   -  2  1  2  3
   ──────────────
      2  6  0  2
```
7. $27 + 9 - 14 = 22$
8. $8 \times 8 = 64$
9. $72 \div 12 = 6$
10. $\frac{7}{9} + \frac{1}{9} = \frac{8}{9}$

29

1. $146 + 44 = 190$
2. $300 - 25 = 275$
3. 72
4. 50
5.
```
      4  8  4  8
   +  2  7  2  7
   ──────────────
      7  5  7  5
         1     1
```
6.
```
      7  11    1
      8  2  5  6
   -  5  8  7  2
   ──────────────
      2  3  8  4
```
7. $28 + 9 - 15 = 22$
8. $2 \times 6 \times 7 = 84$
9.
```
      3  6
   x     4
   ────────
   1  4  4
      2
```
10. $\frac{2}{9} + \frac{5}{9} = \frac{7}{9}$

30

1. $137 + 63 = 200$
2. $150 - 25 = 125$
3. 99
4. 30
5.
```
      6  8  2  7
   +  4  3  5  9
   ──────────────
   1  1  1  8  6
      1     1
```
6.
```
      8  1
      9  2  7  4
   -  4  7  6  2
   ──────────────
      4  5  1  2
```
7. $29 + 9 - 16 = 22$
8. $4 \times 5 \times 6 = 120$
9.
```
      3  8
   x     6
   ────────
   2  2  8
      4
```
10. $\frac{7}{9} - \frac{2}{9} = \frac{5}{9}$

31

1. $142 + 59 = 201$
2. $200 - 25 = 175$
3. 125
4. 48
5.
```
      7  3  7  5
   +  2  8  4  8
   ──────────────
   1  0  2  2  3
      1  1  1
```
6.
```
      7   19 11  1
      8   0  2  4
   -  1   7  6  9
   ──────────────
      6   2  5  5
```
7. $30 + 9 - 20 = 19$
8. $5 \times 5 \times 6 = 150$
9.
```
      5  9
   x     6
   ────────
   3  5  4
      5
```
10. $\frac{3}{4} - \frac{1}{4} = \frac{2}{4}$ or $\frac{1}{2}$

32

1. $162 + 34 = 196$
2. $500 - 25 = 475$
3. 200
4. 16
5.
```
      8  7  7  7
   +  3  4  1  7
   ──────────────
   1  2  1  9  4
      1     1
```
6.
```
      9  9  9  9
   -  2  8  1  7
   ──────────────
      7  1  8  2
```
7. $31 + 9 - 15 = 25$
8. $5 \times 6 \times 6 = 180$
9.
```
      6  8
   x     6
   ────────
   4  0  8
      4
```
10. $\frac{3}{5} - \frac{1}{5} = \frac{2}{5}$

33

1. $149 + 51 = 200$
2. $375 - 25 = 350$
3. 225
4. 32
5.
```
      6 2 9 8
  +   6 2 9 8
  1 2 5 9 6
        1 1
```
6.
```
      9 3 7 5
  -   5 6 2 5
      3 7 5 0
```
7. $32 + 9 - 16 = 25$
8. $6 \times 6 \times 6 = 216$
9.
```
        5 7
  x       7
      3 9 9
        4
```
10. $\frac{4}{7} - \frac{2}{7} = \frac{2}{7}$

34

1. $132 + 48 = 180$
2. $450 - 25 = 425$
3. 775
4. $3 \times 6 = 14 + 4$
5.
```
      7 5 0 0
  +   7 5 0 0
  1 5 0 0 0
        1
```
6.
```
      7 5 0 0
  -   3 7 5 0
      3 7 5 0
```
7. $33 + 9 - 17 = 25$
8. $2 \times 2 \times 2 = 8$
9.
```
        7 9
  x       8
      6 3 2
        7
```
10. 5

35

1. $127 + 36 = 163$
2. $500 - 125 = 375$
3. 150
4. $5 \times 6 = 18 + 12$
5.
```
      8 1 2 5
  +   8 1 2 5
  1 6 2 5 0
        1
```
6.
```
      4 5 0 0
  -   1 2 7 0
      3 2 3 0
```
7. $34 + 9 - 12 = 31$
8. $1 \times 1 \times 1 = 1$
9.
```
      1 6 3
  x       4
      6 5 2
      2 1
```
10. 6

36

1. $129 + 61 = 190$
2. $800 - 125 = 675$
3. 175
4. $5 \times 8 = 25 + 15$
5.
```
      4 3 7 5
  +   4 3 7 5
      8 7 5 0
        1 1
```
6.
```
      5 4 0 0
  -   1 2 8 0
      4 1 2 0
```
7. $35 + 9 - 14 = 30$
8. $3 \times 3 \times 3 = 27$
9.
```
      2 4 3
  x       3
      7 2 9
        1
```
10. 8

37

1. $143 + 48 = 191$
2. $800 - 150 = 650$
3. 195
4. $6 \times 8 = 24 + 24$
5.
```
      4 9 5 6
  +   3 2 4 4
      8 2 0 0
        1 1 1
```
6.
```
      5 4 0 0
  -   2 3 5 7
      3 0 4 3
```
7. $35 + 19 - 14 = 40$
8. $4 \times 4 \times 4 = 64$
9.
```
      3 7 2
  x       6
    2 2 3 2
        4 1
```
10. 8

38

1. $146 + 38 = 184$
2. $1000 - 150 = 850$
3. 298
4. $6 \times 9 = 30 + 24$
5.
```
      7 7 7 5
  +   7 7 7 5
  1 5 5 5 0
        1 1 1
```
6.
```
      6 0 0 0
  -   1 9 3 2
      4 0 6 8
```
7. $36 + 19 - 21 = 34$
8. $5 \times 5 \times 5 = 125$
9.
```
      4 7 2
  x       7
    3 3 0 4
      5 1
```
10. 10

39

1. $236 + 64 = 300$
2. $1000 - 250 = 750$
3. 397
4. $7 \times 9 = 20 + 43$
5.
```
      8 2 2 5
  +   8 2 2 5
  1 6 4 5 0
        1
```
6.
```
      8 0 0 0
  -   2 5 6 9
      5 4 3 1
```
7. $37 + 19 - 23 = 33$
8. $7 \times 7 \times 7 = 343$
9.
```
      5 6 8
  x       8
    4 5 4 4
      5 6
```
10. 6

40

1. $347 + 53 = 400$
2. $1000 - 175 = 825$
3. 792
4. $8 \times 9 = 100 - 28$
5.
```
      9 7 2 5
  +   9 7 2 5
  1 9 4 5 0
        1   1
```
6.
```
      6 1 2 3
  -   3 5 7 9
      2 5 4 4
```
7. $38 + 19 - 25 = 32$
8. $10 \times 10 \times 10 = 1000$
9.
```
      7 8 3
  x       9
    7 0 4 7
      7 2
```
10. 8

CHART YOUR PROGRESS

Shade in the chart to record your score in each test.

SCORE

TEST	1	2	3	4	5	6	7	8	9	10
1										
2										
3										
4										
5										
6										
7										
8										
9										
10										
11										
12										
13										
14										
15										
16										
17										
18										
19										
20										
21										
22										
23										
24										
25										
26										
27										
28										
29										
30										
31										
32										
33										
34										
35										
36										
37										
38										
39										
40										